AF257749

CHARLES DUVAL

A DUBOIS-CRANCÉ.

Paris, 20 nivôse, l'an 3 de la répulique, une, indivisible et démocratique.

J'AI lu hier un écrit que tu viens de publier, sous le titre de *Tableau des persécutions que Barere a fait éprouver à Dubois-Crancé, pendant quinze mois,* où tu dis, pages 19 et 20 :

« Je ne dois point oublier ici une anec-
» dote. Je n'avois appris que par hasard,
» et parce que les brigands avoient in-
» tercepté un convoi de pain, qu'ils oc-
» cupoient le bois de Seuve et le château
» du Plessis. Cependant il n'étoit pas
» naturel qu'un rassemblement de douze
» cents hommes, qui avoient passé trois
» jours et trois nuits si près de la ville
» (de Rennes), ainsi que cela a été cons-
» taté, n'eût été apperçu par personne ;

A.

» j'en témoignai ma surprise à trois ci-
» toyens qui se trouvoient alors dans ma
» chambre ; l'un étoit Godefroy, adminis-
» trateur du district, l'autre, Dupin, chef
» de batailton, et le troisième, Larcher, .
» adjudaut – général de la place. Je leur
» dis : *Quelle espèce d'hommes êtes-vous,*
» *vous autres ; vous êtes donc tous des*
» *Chouans?*

» On a fait de ce propos isolé , et qui
» n'étoit qu'une plaisanterie , un chef
» d'accusation terrible contre moi. Je dis
» que ce propos n'étoit qu'une plaisante-
» rie , puisque j'ai témoigné aux citoyens
» de Rennes ; la plus grande confiance.
» Je suis resté au milieu d'eux pendant le
» danger , pour les encourager et les dé-
» fendre. Je leur ai rendu la justice la plus
» éclatante dans mes lettres au Comité ,
» et j'ai obtenu d'eux les témoignages les
» plus flatteurs d'estime à un dîné que le
» corps des grenadiers de la garde natio-
» nale a voulu me donner : cependant on
» a trouvé le secret de faire rendre une
» plainte. J'ignore de qui elle est signée,

» mais j'estime qu'il n'y avoit d'autres
» témoins que ceux que j'ai désignés. On a
» inféré de ces propos que je voulois mettre
» en feu la Bretagne , moi qui , dans tou-
» tes mes proclamations , n'ai prêché que
» l'ordre et l'humanité. Mon collègue
» Duval d'Ille et Villaine , le *factotum* du
» Comité , s'est chargé de faire la dénon-
» ciation , à mon insçu , et le Comité a
» chargé Laignelot de vérifier ma conduite
» avec scrupule et impartialité , c'est - à-
» dire , sans égard à la position où je
» m'étois trouvé comme représentant du
» peuple.

» L'intention étoit évidente , Laignelot
» vérifia les faits et méprisa cette jongle-
» rie. Mais on avoit les pièces , et l'on
» comptoit bientôt en tirer parti. »

Si , avant de publier cette infamie sur
mon compte , tu avois daigné prendre des
renseignemens auprès des députés d'Ille et
Villaine , ou te rapeller ce que tu m'as dit
toi-même , ou t'expliquer avec moi , tu te
serois épargné le remords d'avoir calomnié
un homme , un de tes collègues qui hait

par-dessus tout le mensonge et les personnalités, tu te serois évité le regret éternel de ne pouvoir toi-même détruire totalement l'effet de cette calomnie ; car malheureusement il n'est que trop vrai que la calomnie, alors même qu'elle est reconnue, laisse encore après elle des traces indestructibles.

Si donc tu avois *daigné prendre des renseignemens auprès des députés* d'Ille et Vilaine, tu aurois appris que ce n'est point à moi qu'a été adressée la plainte dont tu parles ; que, s'il a jamais été question de la déposer au comité de salut public, je n'ai jamais assisté à aucune conférence, s'il en a existé où cet objet ait été agité.

Si tu *t'étois rappellé ce que tu m'as dis toi-même*, toi Dubois-Crancé, tu te serois souvenu de ce que tu m'avois dit vers la fin de thermidor aux Jacobins où tu me parlas de cette *dénonciation*, où tu me témoignas une grande colère contre celui que tu me dis s'en être chargé (et tu sçais bien que ce n'est pas moi que tu me nommas) ou tu te serois souvenu de ma réponse , qui fut que j'avois effectivement entendu parler et du propos et de la dénonciation , mais que n'ayant pas précisément pour objet l'intérêt public , elle avoit semblé faire peu d'impression sur mes collègues , et ceci , je le tenois de l'un d'eux , Beaugeard , qui auroit pu t'instruire , si tu l'avois consulté; depuis lors je n'y avois plus pensé. Comment se fait-il que depuis cette époque ta mémoire trompée , ou le desir de me nuire , aient mis sous ta plume mon nom au lieu de celui que tu m'avois désigné toi-même ?

Si avant de me calomnier tu avois daigné *t'expliquer avec moi*, je t'aurois dit ou rappelé tout cela. Je t'aurois dit plus ; je t'aurois assuré que je n'ai jamais vu , moi, cette dénonciation , que je n'en ai eu connoissance que par oui-dire ; je t'aurois observé qu'avant d'en parler dans un écrit public, il falloit dumoins savoir si elle existoit, par qui et à qui elle avoit été envoyée , si les individus que tu nommes, que je ne connois point et que tu dis être les seuls qui aient pu la signer comme témoins , ou n'importe quel autres , se sont adressés à moi pour cet objet. Je t'aurois dit encore : « mais puisque Laignelot , suivant toi , a été chargé , en conséquence de cette dénonciation , *de vérifier ta conduite avec scrupule et impartialité* , il a dû voir quels en étoient les signataires, et peut-être aussi quel en avoit été le porteur au comité. Le comité doit enfin en savoir quelque chose , ou les cartons peuvent fournir des renseignemens. Avant de jeter de la défaveur sur le caractère d'un homme, il faut du moins vérifier les faits ; en un mot, je t'aurois dit, et cela eût dû te suffire : jamais encore je n'ai eu à me reprocher envers personne aucun mauvais procédé volontaire ; et ce n'est pas à moi que tu dois attribuer celui dont tu te plains ».

Voilà les précautions que l'honnêteté , la probité même te faisoient un devoir de prendre avant de m'inculper ; voilà celles que j'aurois prises à ta place.

Le *factotum* du Comité , ajoutes - tu ? Eh ! qu'on le dise donc, m'a-t-on vu assiéger , solliciter le comité? m'a-t-on vu poursuivre des places , des emplois, des missions ni pour les autres ni pour moi ? m'a-t-on vu ailleurs qu'à mon poste , au sein de la convention nationale, ou dans celui de ma famille , qui est aussi mon poste, quand mes devoirs politiques sont remplis ? Le *factotum* du comité ! et jamais je n'ai été chargé de rien par lui ni par aucun de ceux qui s'y sont succédés ; jamais je n'ai eu par conséquent aucun compte à lui rendre. Interroge tous ceux qui en ont été membres ou commis, ou qui l'ont approché depuis sa création, ils te diront si j'ai fait foule ou dans les anti-chambres , ou dans les bureaux, ou dans la salle des séances ; fouille même les cartons, et vois si tu y trouveras des pétitions , demandes , comptes rendus, ou notes de moi. Le *factotum* du comité ! et je n'y suis peut-être pas entré dix fois depuis qu'il existe ; et lorsque par hasard j'y ai affaire , je suis obligé de me faire

conduire, n'en connoissant ni les appar-
temens ni les issues.

Homme qui ne me connois point et qui m'injurie, qui t'a rendu maître de ma réputation ? de quel droit t'en empares-tu pour la flétrir ? est-ce donc la mission que tu as reçue ? est-ce ainsi que tu prétends servir ta patrie ; et l'opprobre que tu as essayé de jetter sur moi, lui peut-il être utile ? il ne tenoit qu'à toi de t'éclaircir sur les faits que tu as cités, il ne tenoit qu'à toi de te convaincre, qu'ils étoient faux, et cependant tu les imprimes comme vrais dans un écrit auquel tu donne la plus grande publicité. Et c'est ainsi que de sang-froid et au moins avec une légèreté impardonnable à ton âge et à ton caractère, tu me présente en quatre lignes, comme un être vil et méprisable. Bien des gens ne te croiront pas sans doute ; mais combien d'autres te croiront, ne verront point ma dénégation formelle, et comment répareras-tu le mal que tu m'auras fait ? Ce que tu as dit de moi, je le sais, ne peut m'ôter l'estime de ceux qui me connoissent, et sur-tout la mienne, ni faire que je sois l'homme abject que tu as peint sous des traits si flétrissans; sache que, sans orgueil comme sans bassesse, je n'ai jamais rampé auprès de personne, ni souffert que personne rampât auprès de moi; jamais je n'ai été l'agent d'aucune passion; mon unique étude a toujours été de me mettre en garde contre les miennes : j'ai quelquefois indiqué des abus; j'ai souvent parlé contre ceux que j'ai apperçus; mais jamais je n'ai été le complaisant dénonciateur des individus; mais jamais je n'ai interprété malignement l'intention d'un autre, jamais sur-tout je ne me suis livré à la passion de la vengeance, ni n'ai été l'instrument de celle de personne, quoique dans le cours de ma vie j'aie eu beaucoup à me plaindre des hommes. Les hommes ! il faut les prendre comme ils sont; il faut fuir les méchans, éviter, prévenir le mal qu'ils voudroient faire, réparer celui qu'ils pourroiens avoir fait, et les mettre dans l'impuissance d'en faire à l'avenir. Il faut chérir les bons, les estimer, profiter de leur vertu, de leurs talens, de leur goût pour le bien, et ne jamais les flatter, afin qu'ils ne deviennent pas méchans.

CHARLES-DUVAL.